Quel animal a ceci?

LE NEZ

AMY CULLIFORD

Un livre de la collection Les racines de Crabtree

Crabtree Publishing
crabtreebooks.com

Soutien de l'école à la maison pour les parents, les gardiens et les enseignants

Ce livre aide les enfants à se développer grâce à la pratique de la lecture. Voici quelques exemples de questions pour aider le lecteur ou la lectrice à développer ses capacités de compréhension. Les suggestions de réponses sont indiquées en rouge.

Avant la lecture :

- De quoi ce livre parle-t-il?
    - *Je pense que ce livre parle de nez.*
    - *Je pense que ce livre parle d'animaux qui ont un nez.*
- Qu'est-ce que je veux apprendre sur ce sujet?
    - *Je veux savoir à quoi ressemble le nez de différents animaux.*
    - *Je veux savoir quel animal a le plus long nez du monde.*

Pendant la lecture :

- Je me demande pourquoi...
    - *Je me demande pourquoi les éléphants ont un nez vraiment long.*
    - *Je me demande pourquoi certains animaux ont un nez coloré.*
- Qu'est-ce que j'ai appris jusqu'à présent?
    - *J'ai appris que les animaux peuvent avoir un petit nez ou un gros nez.*
    - *J'ai appris que le nez des animaux peut être de différentes couleurs.*

Après la lecture :

- Nomme quelques détails que tu as retenus.
    - *J'ai appris que le nez des animaux peut être de différentes formes et tailles.*
    - *J'ai appris que la plupart des animaux ont un nez.*
- Lis le livre à nouveau et cherche les mots de vocabulaire.
    - *Je vois le mot* ***éléphant*** *à la page 5 et le mot* ***singe*** *à la page 12. Les autres mots de vocabulaire se trouvent à la page 14.*

Quel **animal** a un long **nez** comme ça?

Un **éléphant**!

Quels animaux ont un petit nez comme ça?

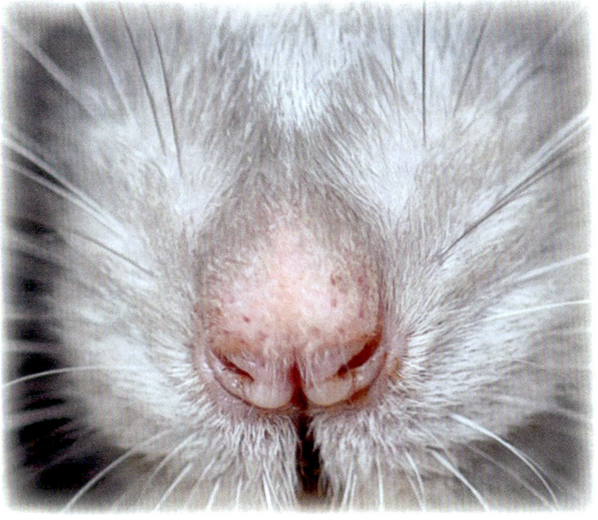

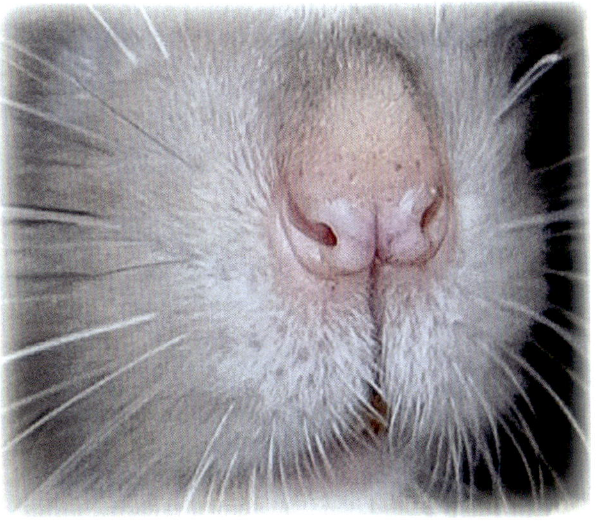

Des **souris**!

Quel animal a ce nez rouge?

Un **singe**!

Liste de mots

Mots courants

a	des	quel
ça	long	rouge
comme	petit	un

La boîte à mots

animal

éléphant

nez

singe

souris

28 mots

Quel **animal** a un long **nez** comme ça?

Un **éléphant**!

Quels animaux ont un petit nez comme ça?

Des **souris**!

Quel animal a ce nez rouge?

Un **singe**!

Quel animal a ceci?

LE NEZ

Autrice : Amy Culliford

Traduction : Translingua Associates, Inc.

Conception : Bobbie Houser

Développement de la série : James Earley

Correctrice : Kathy Middleton

Conseils pédagogiques : Marie Lemke, M. Éd.

Photographies :
Shutterstock : Manon van Althuis : couverture; Bilanol : p. 1; matthieu Gallet : p. 3, 14; AndreAnita : p. 4, 14; polya_olya : p. 7; SERGEI BRIK : p. 8-9, 14; Baehaki Hariri : p. 11, 14; Charlotte Bleijenberg : p. 13-14

Crabtree Publishing

crabtreebooks.com **1-800-387-7650**

Printed in Canada/042023/CPC20230418

Publié au Canada
Crabtree Publishing
616 Welland Ave.
St. Catharines, ON, L2M 5V6

Publié aux États-Unis
Crabtree Publishing
347 Fifth Ave,
Suite 1402-145
New York, NY 10016

Library and Archives Canada Cataloguing in Publication
Available at Library and Archives Canada

Library of Congress Cataloging-in-Publication Data
Available at the Library of Congress

Paperback: 978-1-0396-8814-8
Ebook (pdf): 978-1-0396-9445-3
Epub: 978-1-0396-8847-6
Read Along: 978-1-0396-8877-3